BOEKANALYSE

AF142049

Dracula

· · · · · · · · · · · · · · · · · ·

BRAM STOKER

BOEKANALYSE

Geschreven door Agnès Fleury
Vertaald door Nikki Claes

Dracula

BRAM STOKER

MUST READ

BRAM STOKER

ENGELSE ROMANSCHRIJVER

- **Geboren in Dublin in 1847**
- **Overleden in Londen in 1912**
- **Opmerkelijke werken:**
  - *The Snake's Pass* (1890), roman
  - *Dracula* (1897), roman
  - *The Lady of the Shroud* (1909), roman

Abraham Stoker, beter bekend als Bram Stoker, was een romanschrijver die in 1847 in Dublin werd geboren. Deze literatuur- en theaterfanaat, een zwak kind maar een briljante student, werd columnist voor de *Dublin Evening Mail* en bracht zijn tijd door in de artistieke kringen van Dublin. Daar ontmoette hij Walt Whitman, Oscar Wilde en vooral de acteur Henry Irving. De innige vriendschap die hen verbond, werd een blijvende artistieke samenwerking: Bram Stoker werd de manager van het Lyceum Theater in Londen dat Irving leidde. Hij bleef er 27 jaar. Ondanks zijn intense theateractiviteit wijdde Bram Stoker zich ook aan het schrijven. In 1882 publiceerde hij een verzameling sprookjesromans, *Under the Sunset,* en in 1890 zijn tweede roman *The Snake's Pass. Dracula werd gepubliceerd in 1897.* De belangstelling die deze roman wekte, overvleugelde de rest van de werken van de auteur, voornamelijk horror- en mysterieromans (*The Lady of the Shroud*, 1909, of *The Lair of the White Worm*, 1911). Bram Stoker stierf in Londen op 20 april 1912.

DRACULA

EEN LITERAIRE RARITEIT

- **Genre:** Gotische roman
- **Referentie uitgave:** Stoker, B. (1897) *Dracula*. New York: Plain Label Books.
- **Eerste uitgave:** 1897
- **Thema's:** vampier, fantasie, angst, bijgeloof, waanzin, wetenschap, schrijven

Dracula werd in 1897 door Oscar Wilde uitgeroepen tot "de beste roman van de eeuw". Lange tijd werd de roman echter beschouwd als een literaire rariteit. Van de 3000 exemplaren van de eerste druk werden er slechts 2700 verkocht, terwijl Dickens in dezelfde periode gemiddeld meer dan 1,5 miljoen exemplaren van elk van zijn boeken verkocht. In werkelijkheid is het dankzij theater- en filmbewerkingen, met name de niet te missen film van Tod Browning uit 1931, dat de roman een internationale stem en dus succes kreeg. Ondanks de toegenomen exploitatie van het personage Dracula is Bram Stoker tot op heden in geen enkele bloemlezing van de Engelse literatuur vermeld.

Deze roman heeft ook het kenmerk dat hij volledig getypt is. Bram Stoker deelt dus, met Nietzsche, de reputatie de eerste typistenschrijver te zijn, en dit detail is belangrijk als we het belang van het typen voor de personages in *Dracula* begrijpen.

SAMENVATTING

IN TRANSSYLVANIË, IN HET KASTEEL VAN GRAAF DRACULA...

Aan het eind van de 19de eeuw gaat een jonge Engelse bediende, Jonathan Harker, op uitnodiging van graaf Dracula naar Roemenië, om de aankoop van een huis in de buurt van Londen af te ronden. De jongeman maakt van deze reis gebruik om in zijn dagboek de schoonheden en extravaganties van een meer oosters en traditioneel Europa dan het Europa dat hij kent te noteren. Aangekomen in Bistritz, zijn laatste halte, begint Harker een zeker onbehagen te voelen over de bijgelovige tekens waaraan hij wordt onderworpen. Hij verneemt dat de plaatselijke bevolking bang is voor het kasteel waar hij naartoe gaat, evenals voor de eigenaar ervan. Na een angstaanjagende reis per postkoets en vervolgens per paardenkoets, begeleid door een mysterieuze koetsier en een troep wolven, bereikt de jonge bediende het kasteel, waar hij wordt verwelkomd door de graaf, een voorname oude man met een vreemd en imposant uiterlijk.

Dracula verwelkomt hem, laat hem wennen en raadt hem aan geen gesloten deuren te openen. Aangezien de aanwezigheid van de graaf bij zijn gast sporadisch is (hij verdwijnt overdag), heeft Harker veel vrije tijd om rond te wandelen in het kasteel. Tijdens een van zijn wandelingen wordt hij geconfronteerd met drie prachtige vrouwen die hem proberen te kussen. Als één van hen haar lange hoektanden dichter bij zijn nek brengt, verschijnt Dracula plotseling, maakt zich met geweld van hen los en gooit, om hun aandacht af te leiden, een tas naar hen toe, waarin volgens ons een kronkelend kind zit. Dit schrikt de jongeman af, die al doodsbang was omdat hij de graaf 's nachts naar buiten heeft zien gaan door over de lengte van de muren te klimmen. Bovendien verschijnt Dracula steeds dreigender en Harker beseft dat hij gevangen wordt gehouden door een bovennatuurlijk wezen dat hongerig is naar menselijk bloed. In een poging te ontsnappen komt de klerk aan bij een oude kapel, waar hij in een van de met aarde gevulde kisten die hij daar aantreft, de graaf ziet slapen met zijn ogen open. Kort daarna vertelt de graaf hem dat hij, nu zijn voorbereidingen zijn afgerond, naar Engeland vertrekt en hem overlaat aan de eetlust van de kasteelbewoners.

IN ENGELAND

Ondertussen beginnen in Engeland twee jonge vrouwen, Mina Murray en Lucy Westenra, een briefwisseling waarin ze elkaar openhartig vertellen over hun romantische leven. Mina staat op het punt te trouwen met Jonathan Harker, terwijl Lucy haar antwoord moet geven op haar vrijers: John Seward, een getalenteerde dokter, Quincey Morris, een heethoofdige Texaan, en Arthur Holmwood, een zoon van een lord. Ze kiest voor de laatste en de drie mannen besluiten vrienden te blijven. John Seward, de manager van een psychiatrische inrichting, besluit zijn romantische verdriet te verdrinken in werk, door zich te interesseren voor de zaak van Renfield, een maniak die zich voedt met levende wezens: vliegen, spinnen, mussen, enz.

Terwijl Mina zich steeds meer zorgen maakt over het uitblijven van nieuws van Jonathan, gaat ze met Lucy en haar moeder naar Whitby, een kustplaats in het noordoosten van Engeland. De zorgen van de jonge vrouw verdubbelen wanneer ze geconfronteerd wordt met het slaapwandelen van haar vriendin. Bovendien steekt er een storm op.

DRACULA'S AANKOMST IN ENGELAND

In die tijd strandt een vreemd schip, met alleen kisten gevuld met aarde, op de kust van Whitby: de hele bemanning is verdwenen, behalve de kapitein, die dood aan het roer wordt aangetroffen, met een kruisbeeld in zijn handen. Het logboek verhaalt de dramatische omstandigheden van de schipbreuk: alle zeelieden verdwenen een voor een in een angstaanjagende sfeer, die in stand werd gehouden door de vermoedens van een kwade aanwezigheid aan boord.

Na deze gebeurtenis wordt Lucy's slaapwandelen steeds frequenter en verontrustender. Ze laten de jonge vrouw zwak en bang achter, zonder de twee kleine wondjes op te merken die in haar nek zijn ontstaan. Mina houdt haar vriendin 's nachts in de gaten en ontdekt haar in vreemd gezelschap: vleermuizen, donkere wezens met heldere ogen, grote vogels, enz.

Terwijl we vernemen dat de kisten met aarde naar Londen zijn gestuurd, lijkt Lucy's gezondheid te verbeteren. Renfield kondigt aan dat "de meester nabij is" (p. 159).

Mina krijgt eindelijk nieuws van Jonathan die in een ziekenhuis in Boedapest ligt waar hij herstelt van een vreselijke hersenkoorts. De jonge vrouw voegt zich bij haar verloofde in

Roemenië. Hij smeekt haar, doodsbang en met geheugenverlies, zijn dagboek en de verschrikkelijke inhoud ervan te bewaren. Omdat ze het zelf niet wil lezen, verzegelt Mina het. Ze trouwen.

LUCY'S DOOD

Wanneer ze terugkeert naar Londen, verslechtert Lucy's gezondheidstoestand opnieuw. Bezorgd en hulpeloos doet Dr. Seward een beroep op zijn oude vriend, de befaamde professor Van Helsing. Als hij merkt dat ze bloedarmoede heeft, lusteloos is en moeite heeft met ademhalen, probeert hij haar te stabiliseren met vele bloedtransfusies. Enkele aanwijzingen, zoals de bloederige plekken op de hals van de jonge vrouw, brengen de professor ertoe hen aan te bevelen haar slapend in de gaten te houden. Bovendien legt hij teentjes knoflook in de slaapkamer van de patiënte. Maar op een nacht gebeurt er, ondanks al hun inspanningen, een tragedie. In de ochtend ontdekken Seward en Van Helsing Lucy's moeder, dood van schrik, en Lucy op het randje van de dood, nadat een wolf is binnengedrongen. Terwijl ze proberen haar weer tot leven te wekken, realiseren de twee mannen zich dat er een verandering is opgetreden bij de jonge vrouw: haar hoektanden zijn lang en puntig geworden. Uiteindelijk sterft ze. Drie dagen na haar begrafenis melden twee kranten de ontvoering van kinderen en geruchten over een mysterieuze "vrouw".

DE VAMPIERENJACHT

Als ze ziet dat haar man getraumatiseerd is door zijn ontmoeting in Londen met een man waarvan hij denkt dat het Dracula is, besluit Mina de zegels te verbreken en Jonathan's dagboek te transcriberen, dat ze Van Helsing laat lezen. Omdat hij zijn vermoedens bevestigd ziet, begint hij zijn nieuwe vrienden ervan te overtuigen dat ze Lucy moeten stoppen met deze misdaden. Ze gaan naar het kerkhof en omdat ze merken dat Lucy nu een "Ondode" is die kinderen ontvoert om hun bloed te drinken, doden ze haar.

Met de hulp van het echtpaar Harker, dat ervan overtuigd is dat Dracula in Londen woont, achtervolgen Van Helsing en zijn drie vrienden de graaf om hem te vernietigen, omdat ze nu weten dat hij een vampier is. Daartoe moeten ze de dozen vinden en ze neutraliseren door er Gastheren in te stoppen. Zo zal Dracula geen schuilplaats meer hebben.

Tijdens deze jacht wordt Mina, die buiten de avonturen van de vijf mannen valt, onderworpen aan de aanvallen van Dracula, dankzij Renfield die hem toestaat binnen te dringen in het gesticht waar de hoofdrolspelers allemaal samenkomen. Tijdens een verschrikkelijke avond sterft Renfield en ontdekken de vijf mannen dat Dracula Mina heeft gedwongen zijn bloed te drinken. De graaf is op de vlucht, op zoek naar zijn kasteel in Roemenië, en Mina wordt onrein, op haar voorhoofd gemarkeerd door de brandwond van een Hostie. Als de vampier niet wordt vernietigd, wordt zij ook een Ondode. De jacht gaat dus verder naar Roemenië.

HET EINDE VAN DRACULA

Dankzij Mina, die sinds haar transformatie onder hypnose Dracula's geest kan lezen, komen zijn achtervolgers te weten dat de graaf over zee is gevlucht. Daarom besluiten ze hem over land in te halen. Maar Dracula, die zijn geest geleidelijk afsluit voor Mina, verijdelt hun plan en slaagt erin zijn kasteel te bereiken dankzij zijn handlangers, de Romani. Na een laatste gevecht waarbij Quincey Morris het leven laat, wordt Dracula door Jonathan Harker tot as gereduceerd.

Zeven jaar later krijgen Jonathan en Mina, bevrijd van haar vloek, een zoon genaamd Quincey. Arthur Holmwood (nu bekend als Lord Godalming) en Dr. Seward zijn ook getrouwd en gelukkig.

KARAKTERSTUDIE

GRAAF DRACULA

Het karakter van graaf Dracula in de gelijknamige roman moet worden onderscheiden van de mythe van Dracula de vampier die daarop volgde. Dit personage heeft verschillende bepalende kenmerken:

- Hij drukt zich niet uit. Dracula is het enige personage in de roman dat geen dagboek of correspondentie bijhoudt. Aangezien de roman dus uitsluitend een verzameling is van allerlei geschriften, kennen we zijn bewegingen en zijn geschiedenis alleen via het verhaal van andere personages. Wat zijn gedachten betreft, die zijn slechts berekeningen van zijn achtervolgers.

- Zijn fysieke verschijning verdient het om beschreven te worden. De rijke iconografie waaraan hij is onderworpen heeft uiteindelijk de voorstelling van de graaf door Bram Stoker overschaduwd. De ontwikkeling van zijn uiterlijk in de loop van de roman moet daarom worden opgemerkt: beschreven als "een lange oude man, gladgeschoren op een lange witte snor na, en van top tot teen in het zwart gekleed" (p. 25) in het eerste deel, verandert hij in "een lange, dunne man, met een snavelneus en zwarte snor en puntbaard, […], hard, wreed en sensueel, en [met] grote witte tanden" (p. 274) aan het eind van de roman.

- Hij is iemand met een zeldzame intelligentie die tijdens zijn leven een opmerkelijk geleerde was. Zelfs na zijn dood, hoewel zijn toestand als vampier enige onvolwassenheid impliceert, blijven sporen van zijn intelligentie hangen en schoolt hij zich regelmatig bij.

- Hij is een aristocraat, een avonturier en een oorlogsleider. Hij heeft door de dood heen zijn veroveringsgeest behouden en neemt daarom het risico zijn Roemeense toevluchtsoord te verlaten om naar Londen te gaan, waar zijn jachtgebied groter zal zijn en waar hij de leider kan worden van een nieuw ras van levende doden.

PROFESSOR ABRAHAM VAN HELSING

Deze oude, Nederlandse geleerde is de charitatieve dubbelganger van Dracula. Terwijl deze laatste al zijn intelligentie en al zijn macht inzet om kwaad te doen, gebruikt Van Helsing dezelfde wapens om de mensheid te redden van het gevaar van de vampiers. Hij is het die weet, die het verband weet te leggen tussen de verschillende samenvallende verhalen over Dracula en die de andere hoofdpersonen vertelt zich te beschermen tegen het gevaar dat de vampiers vertegenwoordigen. Van Helsing is ook een goed voorbeeld van een wetenschappelijke geest: hij raadpleegt onvermoeibaar specialisten en publicaties, vergelijkt zijn bronnen en wijdt zich zelfs aan experimenten om een oplossing te vinden. In feite is Lucy's lange ziekte een soort levensgroot experiment over de krachten en de werkwijze van vampiers. Een verrassende passage bij deze enigszins monolithische persoonlijkheid is ongetwijfeld de paniekaanval waaraan hij lijdt.

HET ECHTPAAR HARKER: JONATHAN EN MINA

Jonathan en Mina, aanvankelijk verloofd en vervolgens getrouwd, vertegenwoordigen twee kanten van hetzelfde type personage: zij belichamen de rede, de strengheid en de moraal. In die zin zijn zij de bevoorrechte bondgenoten van Van Helsing in zijn strijd tegen Dracula en bovenal de belangrijkste schrijvers van de documenten die de roman vormen, waardoor zij de belangrijkste getuigen en vertellers zijn. De andere personages prijzen voortdurend hun moed, intelligentie en mentale kracht. Mina wordt vaak vergeleken met een man: "Zij heeft het brein van een man, een brein dat een man zou moeten hebben als hij veel begaafd was, en het hart van een vrouw" (p. 373).

DRACULA'S VERLOOFDEN: HET VAMPIERTRIO EN LUCY

Lucy en het trio vampieren (waarvan de identiteit geheim blijft) zijn de slachtoffers van Dracula, die hun bloed zoog, maar ook zijn verloofden. Dankzij de uitwisseling van bloed schonk hij hun de status van ondode. Ze hebben gemeen dat ze tijdens hun leven jong, mooi en vol romantische ideeën waren. Hun transformatie in vampieren maakt hen sensuele en wellustige wezens.

LUCY'S VRIJERS: DR. SEWARD, LORD GODALMING EN QUINCEY MORRIS

Deze drie vrienden, die het gevoel van eer en liefde voor Lucy delen, bezitten samen kennis (een dokter), geld (een heer) en zin voor avontuur (een Texaan). Zo worden zij de sterke arm van Van Helsing in zijn jacht op de vampier.

DE PSYCHIATRISCHE PATIËNT: RENFIELD

Renfield is een vleesetende maniak die is opgenomen in het psychiatrisch gesticht van Dr. Seward. Hij is de eerste die de waarheid in pacht heeft: serviel en geïnteresseerd voorspelt hij de komst van graaf Dracula en de chaos die dat betekent. Bram Stoker maakt van hem dus een boze profeet.

ANALYSE

DE VAMPIERMYTHE

Volgens Malraux (Frans schrijver en politicus, 1901-1976) behoort Dracula samen met Dom Juan en Faust tot de "enige mythen die in de moderne tijd zijn geschapen". Bram Stoker verzamelde veel informatie om zijn personage uit te vinden, door Keltische legenden en historische bronnen te raadplegen. Zo is de naam van de graaf geïnspireerd op die van Vlad de Spietser (1431-1476), een voivode (bevelhebber) van Walachije met de bijnaam Dracula ("draak" in het Roemeens), bekend om zijn wreedheid in de strijd. Niettemin wordt de graaf in de roman beschreven als een prins die afstamt van het Székely-volk in Transsylvanië.

Hoewel het beeld van de vampier in de mode was in de 19de eeuw (*The Vampyre* van Polidori in 1819 of *Carmilla* van Le Fanu in 1871), was het echter *Dracula* van Bram Stoker die de basis legde voor de gotische literatuur gewijd aan vampiers en die aan de basis ligt van de voorstelling van vampiers die we nu kennen. Zo stelt de auteur een catalogus op van kenmerken en krachten die vampiers hebben, die sterk gegrift staan in de moderne demonologie:

• afwezigheid van een reflectie in de spiegel;

• niet in staat om stromend water over te steken;

• vermindering van krachten gedurende de dag;

- vernietiging door een staak door het hart of door onthoofding;

- angst voor knoflook, kruisbeelden en hosties;

- hun toevlucht zoeken in doodskisten;

- enorme kracht en snelheid;

- scherpe hoektanden waardoor ze het bloed van hun slachtoffers kunnen opzuigen;

- vermogen om te transformeren, enz.

Ondood (een kwalificatie die vooral in romans over vampiers wordt gebruikt), met een onrijpe geest, is een vampier zogezegd geen mens, maar een soort dier. Hij is dan ook de baas over bepaalde dieren (met name wolven) en verandert in alle vormen van dieren die hem goeddunken (vleermuis, nachtvogel, hond of wolf). Over het algemeen domineert het dierlijke lexicon in het werk.

Het onderscheidende kenmerk van Stokers vampiers is dat zij, behalve monsters, verschoppelingen en verdoemde zielen zijn die medelijden verdienen, wier vernietiging verlichting brengt in hun ziel: "In dat moment van definitieve ontbinding was er in het gezicht een blik van vrede" (p. 598).

WETENSCHAP EN BIJGELOOF

Dracula is een resoluut moderne roman in die zin dat alle grote uitvindingen van de moderne wereld de revue passeren: de spoorweg, de stenografie, het fonogram, bloedtransfusies, het werk van Dr. Charcot (Franse neuroloog, 1825-1893) over hypnose, enz. Al deze wetenschap en deze methoden worden gebruikt door degenen die tegen Dracula vechten, met aan hun hoofd twee artsen, van wie er één gespecialiseerd is in psychiatrie.

Toch zijn via het personage van Dracula de vampier ook de overtuigingen en tradities van het verleden sterk aanwezig. Zo leidt de aankomst van de jonge Harker in Transsylvanië, beschreven als een plaats die in het verleden is blijven steken, tot een stortvloed van bijgelovige handelingen van de inboorlingen en roept bij hem voorgevoelens op.

De roman *Dracula* is dus een ontmoeting tussen twee werelden (waarvan de ene zal verdwijnen ten gunste van de andere), twee tijdperken en twee culturen:

- het traditionele Oosten en het moderne Westen;
- het denkbeeldige bijgeloof en legendes, en de wetenschappelijke en technische vooruitgang;
- een aristocratisch personage (Dracula) en zijn tegenstanders uit de middenklasse (de Harkers, Van Helsing).

Deze botsing komt vooral tot leven door twee metaforen, de ene stilistisch ("chloral, de moderne Morpheus!" p. 161) en de andere narratief (Dracula voelt zich verjongd wanneer hij zijn oude Oosten verlaat voor het Westen). De paradox van het werk is echter dat de nieuwe eeuw de macht van het verleden erkent. Zo aanvaardt Van Helsing, hoewel in de voorhoede van de wetenschap, al snel de mogelijkheid dat er een vampier bestaat ("Wees niet bang om zelfs het meest onwaarschijnlijke te denken" p. 206), en gaat hij hem bestrijden zowel dankzij voorouderlijke kennis als dankzij zijn moderne wetenschappelijke kennis.

EROS EN THANATOS: EROTIEK, DOOD EN PSYCHOANALYSE IN *DRACULA*

In de Freudiaanse traditie van Eros en Thanatos (Freud is de vader van de psychoanalyse, 1856-1939) legt *Dracula* een zeer nauw verband tussen dood en seks. Dit verband komt tot uiting in de belangstelling van de auteur voor het lichaam. Zo is het anatomische lexicon zeer aanwezig en kan het vaak met een dubbele betekenis worden gelezen: "de randen [van de puncties] waren wit en versleten, als door een of andere trituratie" (p. 197). De fysieke kenmerken van de vampiers zijn vaak suggestief, met name hun rode lippen die bedekt zijn met bloed. Bloed – waarover in *Dracula* veel vragen worden gesteld – wordt zo evenzeer een symbool van leven (wanneer het circuleert tijdens de transfusies) als van dood (wanneer het uitvloeit of wordt opgezogen). Het is ook het symbool van seksualiteit en wordt een metafoor voor genitale afscheidingen wanneer het van het ene wezen op het andere overgaat.

In de roman zijn het de vrouwen die de erotische rol op zich nemen. Drie scènes zijn bijzonder onthullend:

* het trio vampieren en hun kus des doods ("er zijn kussen voor ons allen" p. 56);

* Lucy die door transfusie het bloed van vier mannen ontvangt en die na haar transformatie een voorstelling van lust wordt: "[Haar] lieflijkheid werd veranderd in […] wellustige baldadigheid" blz. 336);

* de uitwisseling van bloed tussen Mina en Dracula, die haar zo tot zijn minnares maakt, die al zijn verlangens zal vervullen.

In al deze voorbeelden zijn deze vrouwen die de uitwisseling van bloed hebben meegemaakt verdoemd en gemerkt met een stempel van lust. Voor Mina wordt dit zelfs concreet met de brandwond die op haar voorhoofd achterblijft nadat Val Helsing daar een Host plaatst. Tot slot moet worden opgemerkt dat geen van deze vrouwen moeder is, terwijl alleen Mina dat wordt nadat ze is bevrijd van Dracula's invloed. De paradox van *Dracula* bepleit dus een bekrompen moraal waarin vrouwen en seksualiteit het kwaad vertegenwoordigen, maar met zo'n overvloed aan details dat men zou kunnen zeggen dat de roman een kritiek is op de preutse Victoriaanse samenleving.

SCHRIFTEN EN SCHRIJFSTIJL

Schrijven is op verschillende manieren van groot belang in *Dracula*:

- aan de ene kant, construeert Bram Stoker zijn roman met behulp van verschillende geschreven bronnen;

- anderzijds lijkt *Dracula* sterk op een briefroman, een literair genre waarin het verhaal bestaat uit de al dan niet fictieve correspondentie tussen een of meer personages;

- toch gaat de auteur verder door aan de briefwisseling allerlei schriftelijke bronnen toe te voegen: privé-dagboeken, krantenknipsels, notariële brieven, telegrammen.

Deze wirwar van bronnen leidt tot stilistische rijkdom, omdat de auteur probeert elk personage een eigen schrijfstijl te geven. De verscheidenheid aan bronnen (waarvan sommige openbaar zijn, zoals krantenknipsels of notariële brieven) is ook bedoeld om de lezer te overtuigen van het waarheidsgehalte van de gebeurtenissen, door hem verschillende stemmen te laten horen die samen het bestaan van een fantasiewezen vaststellen. Niettemin eindigt Bram Stoker zijn roman met een literaire truc, waaruit de almacht van de auteur blijkt, door de lezer eraan te herinneren dat het slechts fictie is: "We werden getroffen door het feit dat er in de hele massa materiaal waaruit het verslag is samengesteld, nauwelijks één authentiek document te vinden is. Niets dan een massa schrijfsels [...]. Wij konden nauwelijks iemand vragen, zelfs als wij dat wilden, om deze te accepteren als bewijs voor zo'n wild verhaal" p. 600).

Bovendien geeft het schrijven kracht aan de vijanden van Dracula. Door te schrijven over de fantastische gebeurtenissen waarmee ze worden geconfronteerd, kunnen de personages die tegen de vampier vechten hun angst overwinnen en getuigen: "Ik schrijf dit en laat het zien [...]; het moet gebeuren als ik daarbij sterf" (p. 227). Schrijven stelt hen ook in staat een oordeel te vellen over alles wat ze weten, hun ideeën en hun strijdstrategieën te ordenen. De rede en de kracht staan aan de kant van degenen die kunnen schrijven (zelfs van degenen die de stenografie beheersen, zoals de Harkers). Dracula daarentegen is de enige persoon die zich in de roman niet uitdrukt, want hij laat geen schrift na. Hij is een wezen en een personage dat behoort tot de oude wereld, waar bijgeloof heerst.

Om de macht van deze geschriften te bewijzen: ze worden verzegeld, verborgen en ten slotte probeert Dracula ze te vernietigen omdat hij ze vreest: "Al het manuscript was verbrand [...], ook de cilinders van uw fonograaf waren op het vuur gegooid, en de was had de vlammen geholpen" (p. 453).

VERDERE REFLECTIE

ENKELE VRAGEN OM OVER NA TE DENKEN...

- Bram Stoker laat verschillende van zijn personages zeggen dat "bloed leven is" (idee ontleend aan Leviticus 17:11). becommentarieer en analyseer deze zin.

- Welke verteltechniek gebruikt de auteur om Dracula aan het woord te laten (of toegang te geven tot zijn gedachten)?

- Bestudeer het thema krankzinnigheid in *Dracula*, vooral via het personage Renfield.

- Wat weten we over het verleden van graaf Dracula? Hoe werpt dit licht op zijn plan om Roemenië te verlaten en naar Londen te verhuizen, om vervolgens tijdens zijn ontsnapping terug te keren naar zijn geboorteland?

- De omstandigheden van Jonathan Harker's ontsnapping uit Dracula's kasteel blijven onbekend voor de lezer. Wat vindt u van deze omissie?

- In het dagboek van Jonathan Harker staan deze woorden van Dracula: "Maar een vreemdeling in een vreemd land, hij is niemand" (p. 32). Laat aan de hand van deze zin zien hoe *Dracula* ook gezien kan worden als een allegorie voor de angst voor het onbekende.

- Bestudeer de overgangstoestanden van sommige personages: slaapwandelen, hypnose, enz. Hoe leggen deze toestanden een verband tussen deze personages en Dracula?

- Noteer en analyseer Dracula's transformaties.

- Iconografie in verband met Dracula de vampier is er in overvloed. Bestudeer het fysieke voorkomen van dit personage aan de hand van populaire voorstellingen van hem (vooral met behulp van je filmreferenties) en vergelijk deze met de beschrijvingen in de roman.

- "Denkt u niet dat er dingen zijn die u niet kunt begrijpen en die toch […]? Ah, het is de fout van onze wetenschap dat ze alles wil verklaren; en als ze het niet verklaart, dan zegt ze dat er niets te verklaren valt" (p. 304). Laat aan de hand van dit citaat van Van Helsing zien hoe wetenschap en geloof in de roman naast elkaar bestaan.

VERDER LEZEN

REFERENTIE-UITGAVE

Stoker, B. (1897) *Dracula*. New York: Plain Label Books.

*We horen graag van jou! Laat
een reactie achter op jouw online bibliotheek
en deel je favoriete boeken op social media!*

De uitgever garandeert de betrouwbaarheid van de gepubliceerde informatie, die echter niet onder zijn verantwoordelijkheid valt.

www.50minutes.com

Master ISBN: 9782808688277
Papier ISBN: 9782808699679
Wettelijk depot: D/2023/12603/1247

Omslag: © Primento

Digitaal ontwerp: Primento, de digitale partner van uitgevers.